Carmela Romano

La ferita il costato il vento

Carmela Romano

La ferita il costato il vento

tratto da una vera storia di pedoprostituzione

Edizioni Sant'Antonio

Imprint
Any brand names and product names mentioned in this book are subject to trademark, brand or patent protection and are trademarks or registered trademarks of their respective holders. The use of brand names, product names, common names, trade names, product descriptions etc. even without a particular marking in this work is in no way to be construed to mean that such names may be regarded as unrestricted in respect of trademark and brand protection legislation and could thus be used by anyone.

Cover image: Fornito dall'autore

Publisher:
Edizioni Accademiche Italiane
is a trademark of
International Book Market Service Ltd., member of OmniScriptum Publishing Group
17 Meldrum Street, Beau Bassin 71504, Mauritius

Printed at: see last page
ISBN: 978-613-8-39074-9

Copyright © Carmela Romano
Copyright © 2018 International Book Market Service Ltd., member of OmniScriptum Publishing Group
All rights reserved. Beau Bassin 2018

A Michele, amico fraterno,
grata per la bellezza della sua amicizia: una pagina contemporanea della storia degli Atti degli Apostoli

La ferita
Il costato
Il vento

Dall'amore ferito e rinnegato all'amore che guarisce

Tratto da una storia vera

INDICE:

Lo “Sguardo Educante”

Il sapiente lavoro della prof.ssa Romano si inserisce, certamente, nell’alveo di quegli sforzi che tanti intellettuali oggi compiono nel tentativo di raccogliere l’importante sfida educativa che ci viene lanciata da questo nostro tempo. Emerge dalle pagine del libro un’analisi attenta, lucida, ricca di misericordia, ma mai buonista, del triste fenomeno della pedofilia.

Un fenomeno affrontato non semplicisticamente come una piaga sociale contro la quale sfoderare le armi più potenti di cui disponiamo, ma come un vero e proprio disagio sociale, una devianza (mentale, medica, psicologica, sociologica) che affonda le sue radici anche in una probabile disfunzione educativa.

Ognuno di noi, oggi più che mai, è chiamato a sentirsi coinvolto in un processo educativo, a sentirsi orientato in quel percorso di scoperta delle risposte che danno significato alla nostra vita.

Il semplice fatto di nascere uomini, infatti, implica che abbiamo bisogno d’educazione.

È solo grazie all'educazione che diamo un senso alla nostra vita, trovando buone ragioni per amarla e per soddisfare veramente i nostri desideri di libertà e di felicità[1].

Il desiderio di libertà dell'uomo di oggi, del resto, non è più soffocato dalle mille autorità alle quali doveva sottostare nel passato, ma è forse soffocato dall'assenza di speranza: Alla radice della crisi dell'educazione c'è una crisi della fiducia nella vita. Anima dell'educazione, come dell'intera vita, può essere solo una speranza affidabile[2].

Ed è proprio questo orizzonte di speranza, osservato con uno "sguardo educante", che caratterizza le pagine di questo libro. Uno "sguardo educante" capace di gettare nuova luce sulla questione - gravissima - degli abusi sui minori, e di riconoscere - al contempo - una via d'uscita, autentica, dal dramma degli abusi subiti.

Uno "sguardo educante", in grado di cogliere, nella Verità delle relazioni, che tanto la "vittima" quanto il "carnefice" necessitano di adeguati ed originali percorsi educativi: da entrambi va edotto, "tirato fuori", il meglio che è in loro; il bene, forse opacizzato dalla complessità di un quotidiano tutto proiettato in una visione esclusivamente orizzontale della vita ed alimentato da una cultura concentrata sull' "Al di qua" e ignara dell' "Al di là"!

Uno "sguardo educante", l'unico, incapace di dubitare - anche nei momenti più difficili - dell'alto valore della

---

[1] A.A.V.V., *La Sfida Educativa*, LATERZA, BARI 2009
[2] Benedetto XVI, *Lettera sul compito urgente dell'educazione*, 21 Gennaio 2008

persona umana, del profondo significato della Verità e del Bene e in ultima analisi della bontà della vita.

L'uomo ha bisogno di una speranza che vada oltre[3], oltre la notte oscura da cui spesso è tormentato, oltre l'invisibile che tante volte ci fa paura, oltre l'orizzontalità del pensiero, oltre gli stereotipi di una visione punitiva che produce emarginazione ed impedisce eventuali recuperi o reinserimenti in società di coloro che "commettono errori gravi", oltre il risentimento e la vendetta, oltre l'odio.

La caleidoscopica capacità narrativa ci introduce in questo clima dell' "oltre", quell'oltre che si fa proposta più che della - giusta ma scontata - protesta contro la devianza sociale affrontata; della luce più che delle ombre i cui tratti, troppo spesso, ci ritroviamo inutilmente a disegnare.

Un clima di positività tempera le pagine dell'intero libro, un calore mite abbraccia costantemente i protagonisti; un sole, sempre nuovo, sorge sul quotidiano della storia raccontata: un sole di giustizia - dell' "Altra Giustizia" quella divina - abbraccia le vite di quanti sono oggetto di narrazione.

La nostra vita, del resto, è negativa se non diventa tutto strumento di un amore. Ma trattandosi della vita, allora bisogna togliere l'articolo indeterminativo e occorre dire che è negativa la vita se non diventa strumento dell' Amore.[4]

Sembra difficile, se non impossibile, poter trovare spunti positivi in una storia i cui contenuti sembrerebbero

---

[3] Benedetto XVI, Spe Salvi, 2007

[4] L. Giussani, *Dall'Utopia alla presenza,* BUR, Milano 2206.

caratterizzati esclusivamente da sofferenza amara e, a tratti, indicibile.

Il cuore della storia però non è "la ferita", se lo fosse sarebbe invero impossibile ritrovare ragioni positive, il cuore della storia è "l'Amore", l'Amore capace di essere antidoto anche per i veleni più fatali della vicenda umana, l'Amore puro, aperto al perdono: l'Amore di Dio.

È nella prospettiva dell' Amore e del Perdono che va osservata la "skyline" dei fatti narrati, una veduta prospettica che ci consente di entrare nella dimensione della Misericordia entro la quale è possibile che si realizzi ciò che Kierkegard scriveva nel Vangelo delle sofferenze a proposito del perdono che fa nascere a vita nuova: "Ciò che è stato non è dimenticato, è perdonato, dimenticato nel perdono."

Scrive il card. Godfried Dannells: "Che cosa sarebbe il mondo, che cosa sarebbero le relazioni tra le persone se non ci fosse il perdono? Sarebbero simili ad un paesaggio senza vegetazione, a una terra senz'acqua. Avremmo allora una società priva di umanità."[5]

"Il perdono è un meraviglioso cocktail di sforzo umano e di grazia divina. Quando si perdona si fa qualcosa su se stessi ma si lascia fare qualcosa su di sé [...] Si osa guardare il proprio lato oscuro, non rimanendo da soli con la propria ferita." "Bisogna scoprire che il perdono è il coronamento dell'amore, il più bel capolavoro della grazia divina. In una

---

[5] G. Dannels, Perdonare. Sforzo dell'uomo, dono di Dio, San Paolo, Cinisello Balsamo 2006, p.9.

parola: occorre effettuare la difficile transizione tra il "far da sé" e il "lasciarsi fare". [...] Nel perdono si è amati fino al più intimo di se stessi, sì fino a questo punto, laddove non si merita più di essere amati. Questa impressione è unica: non ha varianti. [...] Un tale amore non lo si compra, non lo si merita: è pura sorpresa. In verità Dio solo è capace di amare così, di perdonare: la misericordia è il suo privilegio. Tutto quello che noi possiamo fare è porci nella sua misericordia. [...] Accettare la misericordia di Dio richiede una conversione, il ribaltamento della logica umana. Non a caso tanti non sopportano la gratuità del perdono divino. Non è possibile ! In qualche modo tutto deve essere pagato, presto o tardi, o no ? "[6].

Le pagine che seguono ci introdurranno in quest'area di gratuità, in un luogo in cui sarà palesemente chiaro il grande "Si" che Dio in Gesù Cristo ha detto all'uomo, alla sua vita, all'amore umano, alla nostra libertà e alla nostra intelligenza[7], in uno spazio in cui sarà del tutto evidente la bellezza dell'incontro tra Vangelo e vita, tra fede e storia, tra figlio e Padre, tra l'uomo e il suo Dio.

Buona Lettura

Lindo Monaco

---

[6] *Ibi*, pp.25-45

[7] Benedetto XVI, *Discorso ai partecipanti all'Assemblea generale della CEI*, 2007

La Ferita

A diciassette anni tutto sembra possibile.

Il mondo ai tuoi piedi.

Decidi tu cosa vuoi essere o diventare.

L'impossibile sembra accessibile Il mondo in una mano e il bicchiere di alcool sempre pieno. Se poi ci metti una compressa colorata e la musica a palla, ti sembra persino di volare mentre stai fermo.

Era il regalo di ogni sabato sera che mi concedevo come paghetta settimanale *auto remunerata* per il mio lavoro.

Il resto della settimana era routine e noia mortale. Ogni impegno, ogni energia, tutto nella direzione del sabato sera.

Avevo capito, a mie spese, che per avere amici dovevo sembrare sempre pieno di energie e di idee.

"Uno sfigato, nessuno lo avrebbe voluto come amico" continuavo a ripetermi, e forse a convincermi.

Al mattino facevo una gran fatica a svegliarmi.

Le ore notturne le vivevo voracemente.

Avevo bisogno di carezze e la notte, tutti lo sanno, è fatta anche per rubare e per riappropriarsi di quanto viene negato di giorno. Le rubavo come si rubano le ciliegie appena raccolte da una cesta di vimini elegantemente intessuta a mano da un meticoloso artigiano.

Ero avaro di quello che mi era stato negato dalla vita.

"Ciò che cerco, posso trovarlo così" mi dicevo.

Dovevo solo allungare una mano e avevo come la sensazione di riuscire ad ottenere quanto desideravo. Ed era come se dolcemente tutto il mio corpo venisse invaso da quanto mi necessitava per vivere.

Io, lusingato, avrei ringraziato, ma sapevo che non era così. Dal mondo degli adulti... *Non* ricevevo conferme sulla mia intelligenza o sulla mia creatività... *Non* ricevevo parole confortanti... *Non* venivo applaudito per miei successi scolastici... *Non* subivo rimproveri per mie inadempienze.

Continuavo a navigare in un mondo di carta assorbente.

Gli unici *adulti* che percepivo al mio fianco erano coloro che puntualmente annegavano con me nei miei sogni rubati, violando la mia anima e il mio futuro.

Una cartamoneta ed un sorriso ironico era tutto quello che stringevo fra le mani, dopo ogni incontro con qualcuno di loro. A volte anche più di uno. E il risultato?

Sempre lo stesso: sul palato, un amaro dal gusto sicuro e dal retrogusto velenoso che scendeva lentamente come il miele dal favo colmo e traboccante.

Ma era un sapore aggressivo.

Ero protagonista di un viaggio senza ritorno. Un biglietto di sola andata nelle acque amare di un mare putrido.

Come ci si può sentire a quell'età?

Stanchi di vivere. Si è giovani e si è vecchi nel contempo.

Stavo scivolando in maniera precipitosa, come un bambino quando si lascia andare su uno scivolo certo della sua impresa, forse perché ha lo sguardo di un adulto che lo ama. O come chi percepisce sul suo capo una mano che aleggia e offre sicurezza.

Ma su di me niente di tutto questo, se non la certezza del desiderio di cominciare a morire.

Lentamente.

Come si spegne una candela. Avevo l'impressione che quelle grandi acque inizialmente mi facessero navigare a vista, ma all'orizzonte riuscivo a stare a malapena a galla con il mio povero corpo. Non riconoscevo questa carcassa, mentre lei si sviluppava, io continuavo a morire dentro.

La mia vita era violenta. Come erano violenti gli incontri in cui mi imbattevo e percepivo quest'afflato di morte specialmente quando qualcuno mi domandava... *"Che vuoi fare da grande?"*

Io ero grande, e nessuno se ne accorgeva.

Vivevo dentro un corpo di adolescente e mi muovevo da adulto. Mi consumavo come un esperto di marketing. Tutti i colpi andavano a segno. Rivestivo i panni di un giocatore incallito. Ma quando ero solo, quelle acque un tempo calme, ora si agitavano sempre più velocemente fino a darmi la sensazione di ingoiarmi.

Ed io andavo giù, annegavo con i miei aguzzini.

Non c'era scampo per nessuno.

Tutti divorati dal vortice di quelle acque. E un senso di sollievo dinanzi all'idea della morte leniva il mio assordante dolore. E quella ossessiva e angosciosa domanda... *"Che vuoi fare da grande?"* era un cazzotto diretto nello stomaco.

Violenta era la mia vita. Violenti i miei 17 anni.

Cosa avrei voluto fare da grande? La vera domanda era un'altra... *"Ma un giorno, sarei veramente mai diventato grande?"*

Continuavo a vivere, ad immaginare la mia vita come l'effetto devastante e finale di un terremoto o maremoto in punti diversi nel mondo: calcinacci, colonne portanti, implosioni di continuo, tonnellate di acqua che ti cadono addosso e tu, fermo, ne vieni travolto.

Cos'era di me, di quel giovane dalle mille risorse, dai sogni chiari ed affascinanti?

"Non si può scappare da ciò che si è" continuavo a ripetermi. In me, si era insinuata una certezza che adesso riconosco essere diabolica, senza nessuna via di uscita.

Non sembrava palesarsi nemmeno la più infida uscita di emergenza che potesse in qualche maniera permettermi di ritrovare la Luce e scappare via. Questo pensiero mi paralizzava; ogni qualvolta immaginavo anche soltanto un piccolo gesto di *aiuto* che avrei potuto chiedere a un *adulto*, eccomi di nuovo precipitato ed ingoiato dalle sabbie mobili. Cercavo di stare fermo per non sprofondare. Era in quei momenti che mi rendevo conto di come tutta la mia vita facesse a cazzotti con i miei pensieri e con i miei desideri.

Avevo l'impressione *ora* di bruciare, *dopo* di annegare, *magari* di volare, *poi* di sprofondare.

Con me veniva giù tutto il mio mondo: una famiglia solo anagrafica. Un agglomerato di persone messe lì assieme che sembravano avere ciascuna un ruolo ma, in realtà, ognuno cercava di sbarcare il lunario a modo proprio. Mio padre non l'avevo conosciuto, forse non gli appartenevo neppure. Era sempre in viaggio e negli ultimi due anni lo avevo visto soltanto tre volte, non di più. Mia madre, presa dalla certezza che la vita fosse un talk show, riusciva ad assicurarsi tutti i provini per le fictions. Anche lei rimaneva finta, come le sue relazioni e i risultati dei suoi amori continui.

In tutto questo, non distoglievo lo sguardo dai miei muscoli che crescevano a dismisura così come il mondo falso in cui ero travolto: li guardavo allo specchio ma non facevo esperienza di me, non ero io a vivere in quel corpo.

Mi avviavo verso la mia scomparsa.

Era depressione giovanile? Era non senso della realtà o era la realtà?

Spesso per convincermi dicevo a me stesso, sempre sottovoce... "Nessuno comprenderà i miei stati d'animo", e preferivo che le cose andassero per il loro verso ed io sarei morto, lontano da ogni sguardo.

Anche a scuola, mi guardavano con fare sospetto: ero quello dai capelli sempre spettinati che odorava di fumo e di alcool (dal mattino sino all'imbrunire), inebriato in paradisi fittizi dal sapore di rum e scotch.

Quasi tutte le mattine riuscivo ad alzarmi per andare a scuola, anche se con un ruolo decisamente passivo. Piegavo la testa sul banco e iniziavo ad ignorare quanto mi accadeva attorno; i miei insegnanti tentavano di recuperarmi ma subito mi sentivo abbandonato. Anche da loro.

Il mio silenzio era la forma plastica del mio dolore che odorava di *adulti*, i quali continuavano ad abusare della mia carne fragile.

"Hai il sapore della neve" mi sussurrava un carnefice, mentre abusava di me. Mi lasciava del denaro nella tasca del pantalone e mi salutava dandomi appuntamento con la solita frase: "A presto".

Non avrei voluto più rivederlo.

Le sue mani estranee, sul mio corpo non c'entravano nulla. Nessuno di quegli uomini che incrociavo avevano davvero a che fare con la mia fragile vita. Provavo disgusto, e quell'amaro in bocca mi rimproverava la scelta che avevo fatto: diventare grande all'improvviso.

Nella mia esistenza non vedevo nient'altro che le *mani*: a volte callose, a volte lisce e ben curate. Potevano essere di un medico o di un pianista, magari di giovane artista o di un vecchio filosofo, forse anche di qualche giornalista. A volte sembravano le mani forti e decise di un padre, altre invece, quelle di uno che proveniva da un altro mondo, ma tutte avevano la stessa cosa in comune: nessuna impronta digitale, per non lasciare traccia.

Queste *mani* non chiedevano il mio vero nome (quello con cui mi presentavo). Mi cercavano per l'azzurro dei miei occhi o per i riccioli biondi che cadevano sulla mia spalla come un grappolo di uva matura pronta per esser colta, a chilometri zero.

Agli appuntamenti ci andavo sempre pulito e profumato, mentre loro mi raggiungevano al termine delle loro attività lavorative o durante una pausa pranzo.

Non si preoccupavano del loro odore; ero io che dovevo profumare dei loro sogni segreti e dovevo, attraverso le mie prestazioni, segnare la gioia nascosta della loro doppia vita.

Li odiavo. Altre volte, li amavo.

Mi erano indifferenti, ma intanto ottenevano tutta la mia contemplazione anche se non riuscivo a guardarli negli occhi.

Mi risultava difficile farlo: per loro, era peggio.

La mia carne fragile rimproverava loro qualcosa: forse un figlio, un fratello, un nipote.

Ero tutto una ferita!

Tutta la mia vita era una ferita.

E sanguinava.

Emanava cattivo odore ma attraeva.

Riuscivo ad incontrare dieci, forse fino a quindici uomini a settimana. Per me significavano soldi, e nient'altro.

Solo questo ormai contava. Il denaro, e il desiderio di morte che lo sterco di Dio così guadagnato portava con sé; cominciavo ad odorare di morte così come la mia carne.

Come fosse cominciato il tutto, neppure lo ricordo. Dopotutto, anche la memoria era stata ferita e sanguinava, e il suo rifiuto a tenere deste certe ombre era la prova di quanto la mente fosse capace di difendersi da alcuni attacchi. La mente, la mia mente, ora si stava scatenando, lasciandosi invadere da sensazioni nuove.

Chi lo avrebbe mai detto?

Pensavo che non sarei mai riuscito a provare sensazioni nuove rispetto al vuoto che mi abitava dentro. Ora, invece, si stava impadronendo di me la Morte.

Cominciai a tuffarmi in quell'idea immaginando come doveva accadere.

Quando sarebbe arrivata?

Come? E chi mi avrebbe trovato?

Mi avrebbero assicurato esequie decenti o sarei morto da povero come ero vissuto?

Ero crudele e lo diventavo sempre di più.

Avrei condiviso volentieri il mio disprezzo per la vita con quanti mi cercavano; dopotutto, li disprezzavo. Continuavo a preferire il disprezzo: era l'unico sentimento che mi teneva in vita. Ci tenevo a diffondere, fra quegli uomini che mi circondavano, l'illusione anche della loro Morte.

Io sarei morto e loro mi avrebbero seguito nel baratro più profondo. Nessuna pietà per Loro.

Loro, gli *adulti*, così bravi a frantumare i sogni di un bambino allo sbando, senza alcuna guida spirituale, affettiva, sognatrice. Continuavo a non farmi raggiungere da *Nessuno*: ero così tetro, misterioso, chiuso in un guscio di falsità e di promesse ingannate.

Ogni notte, quando rientravo nella mia stanza, abitata dai miei fantasmi, mi gettavo sul letto e con quel gesto mi abbandonavo alla disperazione.

Febbre, vomito, tremori e palpitazioni.

Lunghi svenimenti e lievi sorsi di alcool che fungevano da antibiotici e da antidolorifici.

Nessuno poteva sapere cosa mi capitava, forse neppure io. Quando qualcuno tentava di raggiungermi, mi trinceravo dietro il diritto di avvalermi della facoltà di non rispondere. Desideravo passare inosservato, tentavo con tutte le mie forze di mentire a loro, ma soprattutto a me stesso.

Quei tentativi di apparire come un fantasma erano una richiesta di aiuto: avrei voluto fare pena a qualcuno.

Avvertivo un profondo desiderio che si accorgessero di me, anche se nessuna risposta mi giungeva dal mondo esterno. Albergava in me l'impressione che chi mi stava attorno vedesse il viso scarno e la pelle del volto livida, senza mai chiedermi se avessi bisogno di qualcosa.

Ora, mentre pensavo a tutto questo, mi tornavano alla mente i dolori fisici che provai nell'ultimo incontro.

L'uomo che mi contattò in una chat privata poteva avere sessant'anni: era vecchio, brutto e grasso.

Dopo qualche giorno, c'incontrammo.

Non aveva dimostrato nessun sentimento di pietà. Sferrò tutta la sua forza contro la mia vita. Ogni suo tentativo di avvicinarsi era come una spranga di ferro sbattuta contro il mio volto cerulo. Sentivo il sangue scorrere da ogni parte.

La ferita sanguinava copiosa.

Terminai l'incontro dolorante. Mi ero fatto del male, e tanto. Eravamo all'interno della sua lussuosa auto quando, in una frazione di secondo, mi catapultò fuori dall'abitacolo come un sacco di patate vecchie e piene di muffa.

L'impatto con il manto stradale fu devastante.

Riuscii a riconoscere il mio tono di voce mentre si trasformava in un urlo lacerante, stringendo nel pugno di una mano il frutto di quell'incontro: cinquanta euro e un dolore sanguinante. E all'improvviso un angelo travestito da donna era accorso in mio aiuto. Avevo sbattuto la faccia sull'asfalto e un dolore perforante aveva attraversato la mia vita. Il sangue che fuoriusciva dalle diverse ferite aveva colorato la mia T-shirt bianca.

Non sapevo dove fossi, non ricordavo il mio nome e neppure chi fossi stato fino a qualche minuto prima. La voce della donna che mi aveva preso fra le sue braccia era l'unica cosa umana che mi era capitata negli ultimi anni:

«Giovanotto, chiamiamo i tuoi genitori? Chi è tuo padre?» urlò la donna.

..."Mio padre" mi dicevo.

Dov'era mio padre? Adesso avevo bisogno di lui. Ogni uomo ha bisogno di un padre. Non si vive senza padri. Il mio era il risultato dell'esperienza dell'assenza del Padre. Se avessi potuto ne avrei comprato uno, anche malandato, malato o moribondo. Avevo bisogno di uno sguardo, di una carezza, di un abbraccio dal potere lenitivo. Doveva essere un unguento per le mie ferite, uno di quegli sguardi che non hanno bisogno di essere accompagnati da parole ma solo da coerenza. Ora ammettevo che forse non avevo mai visto mio padre. Ora, però, ne avevo bisogno per davvero e lo cercavo, lo desideravo, imploravo che i pochi ricordi che avevo di lui mi alleggerissero quel dolore fisico... ma niente. Anche la droga assunta poco prima di uscire da casa aveva cessato i suoi effetti.

Mi trovavo dinanzi ad una situazione nuova: la morte stava bussando, stava distruggendo tutto, stava abbattendo la porta della mia vita. Avevo l'impressione di aver sbattuto contro una parete di pietra dura dove nessuno poteva prestarmi un soccorso; cercavo ossigeno, ma non arrivava.

Ora, la porta antipanico del mio cuore era spalancata. Mi accorgevo di aver bisogno di aiuto ma sembravano venir meno persino le forze per accoglierlo.

Sempre più ripiegato vagavo dentro me stesso.

In quel viaggio continuavo ad imbattermi in stanze buie e in lunghi corridoi.

Ero stremato!

Mi abbandonai in un lungo sonno e mi risvegliai dopo non so quanto tempo. L'unico ricordo impresso nella mia mente era un tiepido sole alle mie spalle intento al tramonto, celato dietro una folta una siepe, mentre l'ombra scura dell'uomo malvagio si andava allontanando con la sua stessa auto. L'orco era scappato; uno squillo del cellulare era bastato per riportarlo alla sua realtà e per scaricarmi come merce di basso mercato.

Mi svegliai nella stanza di un ospedale.

La signora che mi aveva soccorso era lì a tenermi la mano mentre tamponava, con un fazzoletto umido, la mia fronte. Non la conoscevo, eppure si stava prendendo cura di me.

«Buongiorno! Finalmente, giovanotto!» mi disse, sorridendomi come una mamma affettuosa.

Mi stringeva la mano con una tale forza che non riuscirò mai a dimenticare. Mi chiedevo.... *"Chi è quest'angelo? E da quanto tempo sono qui? Un giorno, due, un mese?"*

Nonostante tutto, era una bella sensazione.

Mi sentivo, per la prima volta, amato per davvero. Il suo modo gentile, oserei dire materno, mi stava contagiando l'anima, positivamente.

Non avevo voglia di pensare ad altro.

Avevo capito, intanto, che ero vivo dal dolore fisico che attraversava il mio corpo immobilizzato.

Aprivo e chiudevo gli occhi, lentamente.

Così come lentamente desideravo che quella *Donna* potesse diventare la mia nuova realtà. Il dolore fisico veniva soppiantato dalla gentilezza e dallo sguardo di quell'angelo.

Mi curava, si stava prendendo cura di me.

Non mi domandavo chi fosse, per me era il Paradiso.

Cosa avrei dato per essere sempre guardato così!

Forse tutto l'oro del mondo o forse tutta la mia vita.

La realtà, la triste e dolorosa realtà non ci mise poi molto ad arrivare. Potevo continuare a fare finta di aver perso la memoria, o dire che venivo dall'altra parte del mondo in cerca di una patria, una casa, una famiglia... ma il mio passato, la mia vita...

Amore, quello che cercavo... Avrei trovato tutto questo, al posto delle torture, delle violenze, degli stupri e dei soprusi a cui mi ero sottoposto autonomamente, e che ora, da questo "giro" non trovavo una via d'uscita.

Era chiaro che desideravo che quella modalità di *vivere* la mia vita sparisse.

Il ricordo dell'uomo di cui ero in compagnia, l'ultima volta, tornò nitido *in me*, portandosi dietro tutti i particolari dolorosi dal sapore disgustoso di un ospite sgradito.

Non capivo cosa mi stesse succedendo. Probabilmente nessuno avrebbe potuto capire, neppure l'angelo che mi aveva salvato dalla morte sicura.

Restavo in silenzio. Con gli occhi chiusi, contemplavo lo specchio dell'esistenza che mi si era infranto in mille pezzi.

Desideravo che qualcuno potesse provare *vero dolore* per la mia perdita, ma allo stesso tempo bramavo che qualcuno mi amasse, sperasse, pregasse per la mia vita strappata alla morte.

Mi rendevo conto che non ero poi così crudele.

Desideravo vivere ed essere amato. Desideravo amare.

Tutto quello che avevo vissuto era l'urlo del mio cuore, del bisogno, del desiderio che mi contraddistingueva.

Proprio come in ogni uomo c'è desiderio di infinito, chiamato così, il primo nome dell'amore.

Non so come mia madre venne a sapere del mio ricovero nel reparto di ortopedia della città vicina alla mia. Però, venne a farmi visita: il fisico abbattuto e il viso mesto.

Con un certo imbarazzo, incrociò il volto sorridente dell'angelo che mi aveva raccolto dal grumo di sangue che ero diventato. Con gli occhi semichiusi, cercavo di spingere la mia vista quanto più lontano possibile nel tentativo di raggiungere le due donne.

Mi sforzavo di capire cosa stessero dicendo.

Vidi mia madre impallidire davanti alla donna e al suo discorrere con voce tranquilla. Non capivo nulla, le loro parole erano scollegate (per me), così diverse fra loro.

Avevo deciso di restituirmi alla vita.

Non sembravo neppure più io.

Non ero, allora, così crudele come sembravo.

Avevo conservato le terribili illuminazioni in fondo al cuore, avrebbero potuto divenire il mio piano B.

Avevo iniziato a pensare che fosse giusto che le due mie *visitatrici* pensassero di me ciò che volevano.

I giorni passavano, e mia madre si era già dileguata. Una nuova storia d'amore le richiedeva un impegno gravoso ed io ero un problema. Dopotutto mi aveva consegnato alla signora della quale non avevo ancora chiaro il nome, ma che continuava a vegliare su di me come un angelo custode.

Aprivo gli occhi e muovevo il corpo soltanto quando avevo la certezza di essere solo in camera. Quelle attenzioni erano tutto ciò che desideravo e non vi avrei rinunciato per nulla, a costo di mentire al mondo intero.

I medici continuavano a dire che ero clinicamente guarito e che non si spiegavano la ragione del mio mancato recupero di forze fisiche.

"Il ragazzo sembra non volersi aiutare" ammiccava il medico di turno, durante la visita del mattino.

La signora guardò il team dei medici e disse: «Lo porto a casa e lo curo lì». Il primario annuì, comunicando che sarei stato dimesso lo stesso giorno: uno di meno sulle spalle del sistema sanitario nazionale.

Da solo, di nascosto, mi concessi un profondo respiro di sollievo. Mi ero abituato alle gesta amorevoli della signora, ero curioso di capire come sarebbe andata a finire questa storia. Sembravo l'attore principale di una delle tante fictions in cui mia madre desiderava interpretare un ruolo per il quale continuava a svendersi. A me, invece, ora era capitato di entrare in scena senza doverci rimettere nulla.

"Magari poi scoprirò di pagare un prezzo alto, visto il mio passato. Intanto, mi godo appieno queste attenzioni", continuavo a ripetermi.

Non avvertivo più nessun dolore fisico ma dovevo continuare a fingere; al mio corpo ormai guarito, decisi di dare un'ulteriore aiuto.

La casa del mio *angelo* era bella e profumava di legno di acero. Non era grande, ma in cambio molto accogliente. Tutti gli spazi erano ben arredati. Mi fece sistemare, da un infermiere, su un'antica poltrona di velluto rosso; lì dentro si respirava un'aria serena.

Ciò che attirò la mia morbosa attenzione fu un crocifisso in legno; troneggiava nella sala, appeso alla parete.

Non riuscivo a farmi vedere reattivo, non volevo perdere quelle attenzioni materne. Quello sguardo su di me era commovente e di tanto in tanto *lei*, accortasi delle lacrime che rigavano il mio viso, con fare gentile le asciugava. Questo suo gesto serviva, non tanto ai miei occhi o al mio viso, ma alla mia anima per recuperare le carezze e i baci che non avevo mai avuto. In maniera sorprendente, quelle attenzioni avevano un sapore di una bellezza antica, andavano a scavare nel cuore una via che pensavo fosse inesistente ormai. Le sue parole creavano atteggiamenti del tutto nuovi per me. Lei non era un pericolo, era sicurezza.

Percepiva la mia solitudine, l'aveva accolta e fatta sua. Io ero come stregato da lei, appeso alle sue parole.

Mi lasciavo afferrare e coinvolgere dal suo modo di fare, ne approfittavo. Non era una cosa bella quella che avevo messo in scena ma lei riusciva a mettere ordine nella mia vita; stava tentando di ricostruire la mia triste esistenza.

Mi chiedeva solo di fidarmi e di riprendere le fila della mia esistenza. Non avevo visto nulla di più femminile di *lei*:

mi accarezzava e mi raccontava storie, cercava di farmi recuperare i diciassette anni che non avevo vissuto.

Le sue delicate carezze cominciavano a guarire le mie ferite. Le avevo dato il permesso di entrare nella mia vita, come mai avevo permesso ad altri. Tutto il *buio* che mi abitava stava prendendo un contorno di luce, era come se stessi passando il confine di una valle oscura. Uscivo dalle tenebre, mi libravo nell'azzurro di un cielo redivivo.

... decisi di dirle la verità.

Davanti a tanto affetto ed attenzioni gratuite non potevo più fingere, non ce la facevo. Le avrei detto che non avevo mai perso veramente conoscenza, che le mie forze non mi avevano mai realmente abbandonato e che le sue mani nella mia vita erano state come un unguento.

Chiuse le tende, accese la luce del salone, si avvicinò e mi chiese se avessi fame. Le feci cenno di si, col capo. Lei fece per alzarsi e la invitai a fermarsi.

«Devo parlarti» le dissi con la voce rotta.

Mi guardò, mi prese la mano e mi disse: «Non devi dire nulla» disse con tono convincente. Poi aggiunse: «Vedi, ho fatto con te quanto è stato fatto a me un giorno»

I suoi occhi brillavano come un diamante prezioso.

Avevo capito che stavo guarendo dal fondo del dolore e della solitudine grazie alla bellezza di uno sguardo. La periferia della mia vita ora diventava l'ombelico del mondo.

Non avevo più paura. Non ero più disorientato.

Servivano solo impegno e costanza per continuare l'opera di ricostruzione della mia vita.

Cominciavo ad essere persuaso che nessuna guarigione poteva essere bella ed efficace come questa che mi veniva incontro senza alcuna richiesta e costo da pagare.

Non mi ero mai chiesto perché proprio a me fosse capitato di vivere tutte quelle bruttezze della vita.

Tantomeno ora mi domandavo... *"Perché proprio a me?"*

Continuava a pizzicarmi il cuore.

Avevo una camera dalle pareti colorate e pulite, le lenzuola fresche profumavano di lavanda. Una cesta di frutta fresca sulla scrivania e tanti libri di ogni genere e in tante lingue diverse. Non capivo cosa stesse accadendo, ma avevo cominciato a fidarmi.

Ripresi a frequentare la scuola, avevo cambiato abitudini e abiti, gli amici cominciavano a cercarmi, non per il fumo, per le pasticche o per le brave serate che potevo organizzare, ma solo perché avevano notato il mio evidente cambiamento. Stentavo a riconoscermi da solo.

Una sera a cena, la signora mi disse:

«Vedi, Paolo, è giunto il momento che io ti dica perché mi sono presa cura di te, anche perché immagino che tu te lo stia chiedendo da tempo»

Ovviamente, aveva ragione. Desideravo conoscere la ragione profonda della sua scelta, così insolita. Poi, lei riprese fiato e disse:

«Dio ha creato la medicina per tutte le malattie e l'uomo è chiamato a somministrarla»

Non capivo cosa volesse dirmi, ma le sue parole avevano il sapore gustoso della Verità.

Osservavo attentamente come si muoveva, come gesticolava e di certo quei suoi modi, quelle attenzioni, ogni suo gesto non poteva divenire dalla sola capacità umana.

Mi arresi ad un pianto a dirotto: ero all'attenzione di Dio e me ne stavo rendendo conto. Stavo facendo esperienza di questo amore smisurato.

Dio mi stava raggiungendo attraverso questa donna, questo angelo, così permeato di dolcezza e autorevolezza. Avevo bisogno di questo per guarire e stavo guarendo.

Il costato

Il passato non l'avevo per niente dimenticato.

Non che volessi a tutti i costi eliminarlo, solo mi sembrava di essere stato catapultato in un terribile sogno, ed erano pochi i momenti lieti che vivevo.

Avevo tutto molto ben presente, era una sorta di spina quella che avvertivo nel mio povero cuore. Quel dolore riportava alla mente volti, nomi, numeri di telefono di tutti coloro che per mesi avevo incontrato puntualmente.

Quei bruttissimi ricordi mi venivano incontro in vari modi: incrociando casualmente per strada qualcuno dei vecchi frequentatori, oppure quando aprivo il computer per aggiornare il mio stato sui social.

Avevo provato a non frequentare più i social, ma non potevo sembrare e restare fuori dal mondo.

Erano un ottimo strumento per condividere i compiti e notizie di varia natura. Un giorno riaprii la chat del mio vecchio profilo: trovai infiniti messaggi degli uomini che avevo frequentato. Avevano continuato a scrivermi.

Mi promettevano regali e viaggi di lavoro.

Avrei potuto accompagnare un vecchio uomo d'affari a New York per dieci giorni: alberghi importanti e suite da sogno, escursioni in montagna e abbronzature su spiagge esotiche. Avrei potuto girare l'America da turista e per farlo bastava cliccare la sola risposta affermativa.

Rispetto a quello che stavo iniziando a vivere, non ebbi il coraggio di accettare ma neppure il coraggio di cancellare il messaggio.

Sospesi il contatto.

Andai nella camera da pranzo e trovai la signora seduta dietro il suo antico pianoforte di colore nero: era in procinto di iniziare la sua lezione. Il pianoforte era ai piedi di quell'antico crocifisso che mi aveva accolto quando fui dimesso dall'ospedale.

Mi avvicinai e lo toccai.

Toccai, sfiorandolo con le mie dita, quel corpo filiforme in croce. Era di legno pregiato: lo guardai e mi sentii nuovamente attratto da lui.

Quello sguardo era diretto a me.

Sembrava volesse parlarmi.

Mi avvicinai ancora: lo afferrai tra le mani tremanti, lo strinsi al mio petto. La musica che intanto usciva dal tocco delle mani della pianista aveva riempito la stanza.

Mi sedetti su quella poltrona di velluto rosso che mi aveva accolto quando entrai per la prima volta in quella casa, e ricominciai a piangere.

Non capivo il perché.

Maria, questo è il nome di quella donna dal viso d'angelo, lasciò scorrere dai miei occhi sincere e copiose lacrime. Non si era avvicinata; continuava a suonare una musica che arrivava direttamente al cuore, insieme a quel crocifisso che ora sembrava volesse abbracciarmi.

La donna, la musica, il crocifisso erano tutto ciò che mi urgeva in quel momento. Ero dinanzi ad una ferita ben profonda dell'uomo sulla croce.

...*"Avrà sofferto molto"* pensai mentre continuavo a lacrimare.

Il mio pianto sembrava raccogliersi in quella ferita, quasi a riempire il costato trafitto.

Mi veniva difficile pensare ad una cosa così *profonda*. Mi risultava improbabile pensare a Cristo come la medicina che Dio aveva immaginato per me, per le mie ferite.

Non avevo mai sentito una cosa così assurda. Intanto mi riappacificavo con il mio passato: gradualmente, stavo assumendo le responsabilità della mia vita frantumata.

"L'uomo di fede parla sottovoce e sicuramente non piange", pensavo. Non so da dove e da cosa fosse stato generato quel pensiero. Mi resi subito conto che dialogavo col crocifisso e lo stavo facendo mentre piangevo.

Piangendo, mi stavo raccontando a lui, mi rivelavo, gli mostravo la mia ferita.

Il suo sguardo sembrava raggiungermi, penetrarmi.

Gemendo o cantando una nenia, sprofondato nella poltrona, continuavo a restare abbracciato a quel legno. In quel volto mi veniva come riconsegnato il mio, mi vedevo inchiodato, sanguinante, abbandonato.

Colpevole dei peggiori crimini. Il mio corpo sembrava dondolare, e questo mi consentiva di mostrare tutto quello che si muoveva nell'anima. Continuava il mio assolo, annotato fra gli spartiti di una orchestra frenetica.

Mi dimenavo; il pianto si era come trasformato in un lamento profondo. Confessavo tra le lacrime il mio desiderio, l'emozione era densa.

Ci scambiammo intensi sguardi. Io mi davo a lui e lui si confondeva nel mio sguardo, nel mio sconfortante pianto.

Mentre continuavo a dare ragione del mio egoismo di adolescente in pena, lui non declamava, non mormorava, non gemeva. Era lì, fermo: mi osservava, e contemplava. Avevo l'impressione di sentirgli proferire qualche parola. Una per tutte si imponeva in quell'istante: Ricostruzione.

Voleva ricostruirmi.

Me lo stava proponendo.

Perché lui potesse ricostruirmi era necessario che io passassi per una totale accettazione del mio passato e del mio presente. Guardando quel costato stavo salutando per sempre la depressione. Desideravo vivere, costruire un futuro, essere libero e soltanto il costato poteva aiutarmi.

Sarei rinato da lì.

Sarei come uscito dal ventre non più verginale di mia madre, ma da quel costato sanguinante e puro.

Era la prima volta che incontravo il Figlio di Dio che per me aveva offerto la sua vita. Quel costato ferito mi parlava, mi rimandava ad un amore tanto arcaico quanto nuovo. Quel volto cominciò a tornarmi familiare.

Quante volte avevo osservato quello sguardo, ma mai gli avevo permesso di raggiungermi. Il livore della mia vita, i rapporti sbagliati intessuti non erano l'impedimento reale del mio incontro con lui; era la durezza del mio cuore che impediva di lasciarmi incontrare dalla bellezza di quello sguardo. Non rifiutava quello che ero e ciò che facevo; piuttosto la vita sballata che avevo vissuto era stata la circostanza reale che gli aveva permesso di incontrarmi. La mia vita faticosa e frantumata ora si stava rigenerando.

Non era una scoperta, era qualcosa di più: si trattava di una rivelazione, non del mio passato o dei disordini morali in cui ero incappato, ma del mio futuro. In quella ferita avevo l'occasione per iniziare a intravedere me da adulto.

Iniziava timidamente a riaffiorare una possibile sagoma del mio profilo. La gioia di sapermi capace di immaginare, pianificare e addirittura riscrivere me stesso era qualcosa che mi creava adrenalina. Non c'era paragone con lo sballo provocato dalle sostanze chimiche che ingerivo un tempo.

Stavo maturando? Stavo cambiando?

Non saprei definire quello stato d'animo.

Mi sentivo attratto dalla bellezza del crocifisso. Per ore ed ore mi fermavo davanti a Lui: lo guardavo, mi rintanavo come un'amante si ritira con il suo amato. Ci passavamo oltre duemila anni, ma riusciva a capirmi bene.

Da quel momento iniziale, quando esisteva come uomo tra gli uomini, grazie alla sua presenza, gli uomini diventavano più umani; scoprivano, nello stare con lui, la profondità della propria umanità.

Ora, quell'uomo era dinanzi a me, mi parlava e mi invitava ad entrare in relazione con lui.

Una profonda conoscenza che agiva nel tessuto più intimo della mia persona. Imparavo piano con gli occhi, ascoltando e vivendo. Entravo sempre più nella feritoia del suo amore da dove rinasceva la vita, la mia.

Per me, restare dentro quella piaga era importante come respirare. Contemplarlo non era fuggire dalla realtà o dalle mie responsabilità; accadeva mentre lo cercavo, o in lui mi rifugiavo, un'acquisizione di coscienza come mai prima.

Lui continuava a rigenerarmi, giorno dopo giorno.

In ogni istante, la memoria di questo fatto produceva in me un'espressione autentica di gioia.

La vita diventava meravigliosa.

Si stampava nel mio cuore quella bellezza che veniva fuori dalla ferita del costato dell'uomo della croce.

Mi raggiungeva lo splendore della verità: è la verità che affascina e trasforma ciò che ci circonda in *bellezza*.

Tutto diventava stranamente familiare come mai mi era accaduto prima: nessuno mi era estraneo, nulla di quanto avevo attorno mi era sconosciuto.

Cercavo, indagavo, aspettavo.

Quasi mi dilaniava il desiderio di contemplare quel costato, ne ero attratto continuamente. Nasceva e cresceva questo desiderio; ciò che era iniziato, ora continuava. Era la mia storia con lui. Uno sguardo che si andava esplicitando in un modus vivendi che mi dava la forza di affrontare la realtà in modo diverso.

Quel costato aveva operato in me un cambiamento: diveniva giudizio e vita nuova.

Lo sviluppo del mio darmi a lui era la fucina da cui si sviluppava la forza capace di cambiarmi dal di dentro. Fare memoria di quel che mi accadeva, dinanzi a quel costato, era come risvegliare una delle memorie più belle della mia triste vita.

Non provavo davvero più dolore.

Ciò che prima ritenevo una grande sconfitta al cuore, lacerante al punto da darmi l'impressione che fossi diviso in tante parti, come il numero delle cellule che abitavano la mia carne, ora mi aiutava a comprendere che un cuore diviso o ferito non serviva a nulla.

La portata dell'Amore che percepivo uscire da quel costato, la sua densità, era la chiave di volta della mia esistenza. Tutto ruotava attorno a quell'incontro, una manciata di minuti, anche rubati a volte alle altre attività, avevano su di me un effetto sorprendente. Non fuggivo dai miei impegni, ma essi entravano di continuo sotto quello sguardo. Lo sguardo di quell'uomo sulla croce rivelava tutto lo splendore, la bellezza e la dolcezza di un Dio che un giorno era stato adolescente.

Comprendevo come in lui, grazie a quello sguardo, tutti gli adolescenti del mondo diventavano non solo la speranza del futuro ma il capolavoro dell'attività creatrice di Dio.

Pensavo che nessuno potesse somigliare tanto a Dio quanto un adolescente capace di intessere il proprio futuro su di lui, sino al punto da concepirsi tutto suo.

Da quella posizione sulla croce, potevo non solo unire il mio dolore al suo, ma avrei potuto divenire uno che raccontava la sua vita a partire da quell'incontro.

Avvicinandomi a lui iniziavo a cogliere non solo la sua sofferenza ed il suo amore per me, ma soprattutto la gioia che egli provava nel ricreare una vita totalmente nuova, in un rapporto permeato di amore e non più di abusi e violenze.

La mia seconda vita iniziava con una convinzione: dietro ogni forma di abuso e di sofferenza vi è un attacco diretto alla persona di Dio. E' Dio stesso abusato, oltraggiato, ferito, schiacciato. In ogni vita apparentemente distrutta è lui, nella persona di Gesù, che ci ha mostrato e rivelato il volto del Padre, che viene raggiunto ed aggredito.

Nella serenità del volto del crocifisso, vedevo la mia serenità ritrovata grazie al suo sacrificio d'amore per me.

La mia carne violata era la carne violata di Gesù.

Ora il mio volto, rinato nel suo, era l'inizio di una vita che raccontava la gioia ritrovata di Dio per la mia vita e che si apriva voracemente al suo amore.

La vendetta di Dio contro questo genere di crimine?

La croce.

Dio si è vendicato amando i miei carnefici.

In quell'amore ritrovato, dovevo ritrovare un piccolo spazio per favorire l'imperdibile torrente in piena del Perdono. Quegli uomini che hanno abusato di me senza alcuno scrupolo, potevo soltanto amarli nell'amore.

Loro non erano venuti a contatto con l'Amore vero, ma avevano rubato grammi di sensualità perché a loro volta erano stati vittime di altri carnefici.

Dio, nel volto del figlio crocifisso, mi offriva la possibilità di liberare i miei carnefici.

Potevo farlo.

Potevo liberarli anche dal peso del mio disprezzo e del mio odio.

Ogni notte, venivano ai piedi del mio letto, come in una lenta processione a implorare la grazia. Il degrado vissuto anche da loro, tra sfruttamento e prostituzione, poteva trovare ora un punto lenitivo nel mio cuore.

Il silenzio a volte fastidioso in cui mi nascondevo era il desiderio di perdono che ora dovevo offrire. Quegli uomini che corrompevano una vita alla sua prima manifestazione e ne impedivano lo sbocciare, un tempo odiati e disprezzati, ora trovavano piena cittadinanza nella mia nuova vita.

Iniziava così un nuovo processo.

Non li condannavo né li deploravo.

Il potere che esercitavano con violenza e denaro era la forma di condanna più immeritata che potevano continuare a vivere. Avrei voluto annoverare tutti quei volti, fautori di morte, tra gli apostoli e gli annunciatori della bella notizia.

Avrei voluto gridare a ciascuno di loro:…*Coraggio, rialzati, prendi il panico che vivi nei tuoi crimini e seguimi. Troverai la vita. Come l'ho ritrovata io…*

In quei giorni avrei voluto che tutto il mondo potesse vedere cosa accadeva nel mio cuore. Il pantano che vivevo si era trasformato in una distesa pianeggiante.

Era come una primavera inaspettata. Questo era il destino che desideravo per tutti i miei amici e conoscenti.

Un torrente in piena si era aperto nella mia vita.

Scorreva acqua, si rinnovava di continuo. Mi guardavo da un osservatorio speciale, dalla croce di Cristo.

Gustando la sua bontà, intravedevo l'umanità che si rinnova di continuo nel silenzio dell'opera incessante di

Dio. Nella mia vita che cambiava, avevo da gustare la vita del mondo che si rinnovava.

La mia esperienza era come un riverbero che anticipava il racconto del cambiamento di tante altre vite.

Il cammino rimane lento e graduale ed ogni progresso è sostenuto dalla capacità e dalla libertà di ciascuno di rispondere alle attese e alle speranze dello stesso Dio che, in Gesù, chiama ad abitare la misura di bellezza e di grazia del suo stesso Figlio. Stavo scoprendo che l'esistenza altro non significa che Rischiare.

Avevo letto una volta una frase del genere da qualche parte ed ora facevo fatica a ricordarne la fonte. Quella frase aveva graffiato la mia anima.

Io avevo rischiato ed avevo perso. Ora stavo iniziando a gustare la nuova possibilità di vita che mi era stata donata e non avevo alcuna intenzione di perdere.

Desideravo provare giorni felici, scommettere sulla mia vita, ma per qualcosa che potesse dar significato a tutti gli aspetti della mia esistenza. Desideravo essere attratto da qualcosa di bello, che potesse attirare tutto di me. Non solo la mia mente o i miei bisogni elementari. Cercavo *il motivo* per cui decidere di condurre un certo tipo di vita e per cui avrei potuto perdere la faccia dinanzi al mondo intero. Questo non poteva essere la droga, il sesso o il denaro.

Mendicavo la vita e mi accontentavo di ingoiare le briciole. Ero stato scosso fino alle viscere della mia stessa anima ed ora avevo necessità di cogliere qualcosa capace di rimuovere quanto avevo dentro, fino a ridestare il desiderio legittimo di dare forma ad una nuova esistenza.

Ero stanco di vivere di apparenza.

Il motivo della mia vita non poteva valere il vuoto di coscienza che registravo e di cui ero testimone.

Registravo da solo un certo tipo di povertà che vivevo, e mi impressionavo di me stesso.

Come era possibile che avessi nei miei stessi confronti un tipo di giudizio di lettura così chiaro?

La realtà è che ero alla resa dei conti con me stesso.

Sfidai la vita.

O era lei adesso che aveva cominciato a fronteggiarmi?

Mi chiedeva di verificare per cosa valeva veramente la pena vivere. Ed io ero da solo.

"Non si può trovare nessuna risposta da soli" cercavo di convincermi. Intanto, nella mia memoria, ruotavano alcuni volti e nomi di persone che avevo incontrato nella mia faticosa e breve vita.

Chi tra loro poteva aiutarmi?

Chi si era reso veramente familiare al mio cuore?

Ecco che apparve alla mente un nome, una donna dal viso sereno e il sorriso stampato negli occhi. Ogni volta che mi guardava avevo l'impressione che arrivava, prima di ogni cosa, il suo sguardo e il suo sorriso, poi il suo mondo ben fatto.

Tutto in ordine, ogni tassello al suo posto; quando stavo con lei avevo la certezza che dinanzi a me risplendesse un tesoro importante; era uno scrigno di saggezza, di amorevolezza, di accoglienza e di benevolenza.

Presi il cellulare e cercai nella rubrica il suo numero, si trattava di una vecchia insegnante.

Per dirla tutta, non sapevo neppure se l'avrei trovata a scuola, ma ci provai. Lei era lì, come sempre: mi accolse carica di entusiasmo. Non sembrava necessario dirle nulla poiché riusciva a penetrare, con il suo sguardo, ogni angolo di quanto avevo vissuto. Non le dissi nulla e lei sembrava già aver compreso tutto. Era l'unica che mostrava affetto sincero per me, intriso di attenzione.

Mi rivelò che era a conoscenza di tutto.

Mi seguiva a distanza; sperava per me esclusivamente il bene che meritavo. Quando le chiesi perché non mi aveva cercato, visto che conosceva tutta la mia vicenda, ebbe solo a stringermi forte a sé. Piangendo mi afferrò una mano e in quel momento, spostando il mio sguardo, intravidi la mia insegnante in una foto. Quella istantanea la ritraeva felice, abbracciata ad un uomo forte e deciso.

Riconobbi quel volto. Fu come ricevere una seconda spranga di ferro in pieno viso: era l'ultimo orco che aveva esercitato violenza sulla mia persona. La voce di donna con cui parlava al telefono, nel pomeriggio del mio ultimo incontro con lui, era quella della mia insegnante.

Disprezzo, disappunto, orrore, lacrime, tormento e rabbia furono i sentimenti che si impressero nuovamente nella mia vita.

Come era possibile? Come era possibile che dall'altra parte della violenza ricevuta ci fosse il marito dell'unica persona che, all'alba della mia adolescenza, aveva mostrato interesse e un afflato di affetto?

Scappai da quella casa. Ero inorridito al pensiero che da lì a qualche ora potevo scoprire un altro tradimento, magari ora dietro la figura della soccorritrice.

Cominciai a dubitare nuovamente di tutti.

Rientrai a casa, quella in cui abitavo prima dell'incidente e che aprì la via al mio cambiamento.

C'era uno strano odore: avvertii una sorta di disagio.

Volevo scappare anche da lì.

Avrei voluto appiccare un fuoco ed essere avvolto nelle fiamme per sparire per sempre. In realtà accadde qualcosa di diverso rispetto a tutto questo. Accadde che non riuscivo più a considerarmi come prima. Quei sentimenti di ribellione e profondamente umani che mi attraversavano erano la conclamata testimonianza che ero passato da una vita vecchia e putrefatta a una in cui ero abitato da un *fuoco che mi aveva come baciato.*

Ero io ma non ero più io.

Quella *febbre* di vita di cui avevo iniziato a soffrire non mi aveva abbandonato, neppure dinanzi all'immagine della violenza che aveva assunto ora un volto preciso, un nome ed un cognome, e aveva il contorno affettivo dell'unica persona con la quale avevo sentito il desiderio di raccontarmi.

"Come è faticosa la vita" pensai!

Mi vennero *incontro* il ricordo delle lacrime e le poche parole che la mia insegnante era riuscita a dirmi prima che io scappassi. Lei sapeva, era a conoscenza della devianza psicologica e morale di cui soffriva il marito.

La ricercai, l'abbracciai ed ella mi condivise la ragione del suo grande dolore che sembrava incolmabile.

Avevo l'impressione di essere diventato un padre per lei. Le strinsi la mano e cercavo il suo sguardo che non riusciva a fissare il mio. Le parlai del mio incontro con Gesù e di come tutto lentamente fosse cambiato; di come percepivo di essere una *freccia uscita dalla faretra di Dio.*

Di quel Dio che amava lei e suo marito.

Rimase stupita quando le dissi che avvertivo il desiderio di incontrarlo (il marito) per condividere con lui quanto aveva provocato il suo gesto di scaraventarmi dall'auto in piena corsa, alla fine del nostro ultimo incontro.

Sapevo già come gli opinionisti avrebbero definito l'incontro, la vittima incontra il suo carnefice. Percepivo, invece, come entrambi fossimo stati delle vittime.

Il punto della questione era che io e i miei tanti carnefici desideravamo la vita, e per averla ci eravamo sacrificati sull'altare della morte e dell'odio.

La ricchezza di uno sguardo, di una carezza, anche se rubati, erano il tesoro che tutti cercavamo di custodire. Sia io che loro, bramavamo ciò che di fatto stimavamo come valore assoluto. La povertà di cui tutti soffrivamo era in realtà la povertà di Cristo.

Il cuore di ciascuno anela, desideroso di passione per Gesù e Dio, che conosce l'uomo, non si stanca di venirgli incontro. La sua creatività nel cercare l'uomo racconta la misura del suo amore personale.

Tutto questo mi aiutava a guardare nella profondità della mia anima. Riusciva a parteciparmi non solo della sua consolazione, ma mi spronava a domandarmi se poteva bastarmi il mondo al posto del suo sguardo.

Non potevo più tornare indietro.

Non potevo più accontentarmi; mi stava aiutando a comprendere una verità sulla mia vita e su quella degli uomini che avevano tentato di consumarmi.

Nessuna tenerezza donata o mercificata poteva investire il cuore umano più dello sguardo di Cristo Gesù. Si trattava di uno sguardo appassionato, nel senso più vero del termine, ed io cercavo uno sguardo così. Mi aspettavo che uno mi guardasse in quel modo, che avesse veramente a cuore tutta la mia vita, che mi aiutasse a definirmi.

Ciò che era in gioco, nella mia esperienza di adolescente ferito, era la mia Natura, la mia esistenza e la mia stessa identità. Se lui non mi avesse raggiunto con quello sguardo di amore che illumina, io sarei stato perso. E con me si sarebbero persi gli uomini che mi cercavano per usarmi.

Da lui, invece, imparavo una vita nuova, la ricevevo come dono e la vivevo con slancio responsabile.

Mi accorgevo con enorme meraviglia di come ogni cosa sembrava rimettersi al proprio posto.

Stava cambiando lentamente anche il rapporto con mia madre che aveva cercato un lavoro e lo aveva trovato.

Eravamo andati a vivere insieme. Lo stesso mio padre si faceva sempre più presente, fino a chiedere a mia madre di poter tornare a vivere con noi.

La vita cambiava, prendeva la forma giusta che avrebbe dovuto avere da sempre.

Ero sereno.

L'atteggiamento passivo che avevo vissuto per anni era un ricordo lontano, una ferita che si era rimarginata.

Restavo strabiliato ed incredulo nel vedere quei miracoli. Riconoscevo con entrambi che quella passività rendeva la nostra vita snervante e piena di manie assassine.

Ora tutto era cambiato: era sorta una umanità nuova e non perché ci eravamo inventati più di quanto fossimo stati nel passato. Si trattava di una trasformazione interiore, che poneva ordine anche al di fuori di noi, era la base per creare la condizione umana necessaria a vivere la vita.

Eravamo irresistibilmente innamorati gli uni degli altri e tutti e tre della vita intera. Stavamo imparando ad essere persone in relazione. Riconoscevamo che senza la presenza di Cristo nella nostra condizione di uomini avremmo potuto vivere solo da animali irrazionali ed irragionevoli. Noi eravamo rinati da un incontro con lui, e dall'adesione alla proposta di vita nuova che ci offriva ogni giorno.

È un lavoro lento, quotidiano, non privo di urti o di sfide, ma ciò che rendeva bella questa nuova esperienza era la sua vicinanza. E il suo donarsi senza misura, proprio come chiede a me ora.

Sembrava che ove io passassi tutto rifiorisse: incontri, relazioni, fatti e persone sembravano ora calamitate dalla bellezza del mio incontro con Gesù e non facevano mistero alcuno di sentirsi a loro volta come attratti da lui.

Avevo a cuore il desiderio di incontrare l'uomo che più di tutti mi aveva procurato tanto dolore.

L'incontro con lui sarebbe stato mediato da sua moglie. Ora lo avrei incontrato non da alienato e rassegnato ma con la grinta di un lottatore che, scoperto il nervo della vita, era pronto a diffonderlo con la consapevolezza di partecipare ad una fede profonda e personalizzata.

La gioia della nuova scelta di vita, che illuminava di eternità ogni aspetto, ridisegnava il valore della stessa esistenza che si autocomprendeva solo nella misura in cui veniva donata.

In assoluto, Dio rimane la sorgente originaria di ogni essere e in lui solamente l'uomo si ritrova. In Dio, l'uomo scopre la sua grandezza e che la vita è un camminare senza sosta, una ricerca del proprio volto.

Intanto i mesi passavano.

Mi aspettava sempre la promessa di un confronto con l'uomo del mio ultimo incontro.

Gli dovevo dimostrare tutta la mia gratitudine, per come quell'incontro avesse aperto un orizzonte così ampio ad una vita così irresistibilmente piena di amore e di tenerezza. Valeva la pena incontrarlo per raccontare la straordinaria potenza di Gesù e di come egli si prenda cura di ognuno, basta solo desiderarlo ed invocarlo.

Avevo il cuore ricolmo di gioia non solo nel sapermi amato, ma anche perché avevo scoperto nella fede un'occasione di appartenenza viva al corpo di Cristo che è la Chiesa.

Avrei potuto raccontare anche a lui di come ero stato graziato e di come avevo imparato a guardare me stesso... Lui, il nostro male abilitato da uno sguardo nuovo, capace di rigenerare la vita e l'amore.

Non era troppo tardi: potevo e volevo riuscire ad offrire al carnefice quello *sguardo* capace di generare vita nella consapevolezza che in Dio risorge e prende coscienza ogni essere vivente.

Desideravo l'impossibile, ma dovevo tendere la mia mano proprio come quella che mi era stata tesa.

Tutta la mia speranza consisteva nel desiderio di tendere le mie mani, non per prendere o rubare Amore, ma solo per donare a quanti lo cercano oltre i confini del mondo e di se stessi.

Il vento

Sapevo bene che il bisogno di raccontare quello che mi era accaduto, dopo essere stato scaraventato dall'auto, nascondeva in realtà un desiderio ancora più profondo. Avevo necessità di comprendere e di mettere alla prova il mio incontro con Dio. Ero divenuto certo che il rischio di seguire Gesù, di stare con lui senza riconoscerlo, è reale.

Dovevo e cercavo una *palestra dell'anima* e questa si stava materializzando. Avevo la possibilità di incontrare uno degli uomini che più di tutti mi avevano provocato dolore. Probabilmente il dolore era più evidente, non solo per le violente dinamiche, ma perché iniziavo a percepire il dissenso della mia stessa vita nei confronti di come vivevo.

Ciò di cui avevo maggiormente bisogno, in questo preciso momento della mia vita, era di verificare se la mia fede fosse illuminata e vissuta veramente, perché solo così avrei potuto rendere credibile Dio a uno dei miei tanti aguzzini. Lo dovevo al Signore, ma forse lo dovevo ancora di più a me e a lui.

Come forma di giustizia sociale. Desideravo che a ciascuno fosse riconosciuto il proprio desiderio di giustizia e la maniera, l'unica che io consideravo utile, per restituire a quell'uomo *quanto meritava* era quella che io l'affrontassi e potessi condividere con lui la nuova Vita che mi era venuta incontro dopo il suo gesto che oggi leggevo in modo così provvidenziale.

Non provavo ribrezzo per quell'uomo, o per gli altri che prima di lui avevano violato la mia vita, certamente con il mio *permesso*. Il sentimento che emergeva era piuttosto quello di misericordia. Il mio cuore si commuoveva *dentro di me*. Quello che accadeva dentro di me quando pensavo a coloro che avevano esercitato ogni tipo di violenza, era direttamente proporzionale a ciò che accadeva tra me e Dio. Lui mi aiutava a tenere lo sguardo verso di sé.

Quanto più lui viveva *dentro di me* tanto più io gli potevo offrire la possibilità di muoversi nel mondo e di attirare altri. Lui *passa* attraverso gli uomini e le donne del nostro tempo, *risorge* attraverso di loro e con tutti noi riesce ad assumere quel ruolo di centralità che gli appartiene.

Solo così il mondo potrà cambiare.

All'origine del rinnovamento della società non vi sono ragionamenti o combinazioni matematiche, ma soltanto l'incontro con Dio, fautore di reali cambiamenti.

Desideravo, più di ogni altra cosa, che tutto il mondo potesse assistere al mio cambiamento e magari trarre vigore a sua volta.

Era il giorno del mio compleanno. Mia madre invitò a pranzo una sua amica ed altri conoscenti. Mi vennero incontro con regali e pacchi di varie dimensioni e colori.

Erano davvero per me: non ci credevo.

In casa si respirava santa serenità e tanta allegria. Non avevo mai vissuto giorni così intensi e mai avrei immaginato che la vita potesse essere quella che stavo vivendo. I giorni del buio, del marcio e della violenza erano passati; avevo dinanzi una vita piena di colori e di luce, ma sicuramente più impegnativa di quella vecchia.

Guardai i miei genitori, la mia famiglia, i miei amici; guardavo la mia vita. Quanti secoli sembravano esser passati da quando non mi sentivo amato da nessuno di loro.

Una madre accogliente, colma di attenzioni amorevoli che in pochi mesi era riuscita a recuperare una vita intera. Il suo sguardo era ciò che desideravo di più, e finalmente mi era stato riconosciuto come diritto naturale. Desideravo un padre che mi aiutasse a filtrare le conferme che cercavo, che mi aiutasse a recuperare la mia affettività, la mia mascolinità. Invocavo un padre, che guardandosi dentro, avrebbe colto tutte le attese di ascolto e di autorevolezza necessarie. Avrei avuto bisogno di quei NO che solo padri attenti ai percorsi dei figli sanno pronunciare. Bramavo un padre presente in tutte le mie attività di bambino, un padre a cui obbedire. Ora lo avevo dinanzi a me. Mio padre. *Mio padre* lo avrei invocato continuamente.

Ora avevo tutto e molto altro recuperavo.

I conflitti erano evidenti ma adombrava la nostra vita di relazioni una speciale protezione.

Riuscivamo a chiarire e a dialogare, forse perché nel cuore di tutti emergeva maggiormente il desiderio di donare e ricevere del bene.

Questo riusciva a indurre al ragionamento piuttosto che all'impazienza, all'ansia, all'agitazione o alla fretta. Tutto ciò, che ritenevo una grazia straordinaria, non era il frutto di miei meriti, ma l'azione libera che proveniva dal mio incontro con Dio. Egli mi stava incoraggiando a credere che quanto più mi affidavo a lui, tanto più dalla polvere sarebbe stato capace di creare cose nuove.

Ero testimone della sua libera attività ricreatrice. Lui che tutto rinnova e che dal nulla crea Opere Nuove. Non so perché mi stava accadendo tutto ciò. Ero ammirato e restavo a guardare, offrendo la mia collaborazione a la mia natura umana ferita dal peccato.

Dio poteva muoversi dentro lo spazio della mia vita. Gli avevo liberato le mani e lui compiva miracoli. Chi cammina con lui, necessariamente viene coinvolto in tutto ciò che egli compie.

Nel frattempo avevo ripreso la scuola. Frequentavo l'ultimo anno, quello degli esami di maturità. Seguivo con particolare interesse tutte le discipline.

Pensavo alla vita come dono e a cosa potesse servire se non per essere offerta a Dio per l'umanità. Avvertivo rivolte a me le parole di Gesù "*Va', vendi tutto quello che hai e vieni con me*". Ogni sua parola sembrava rivolta a me, come se mi supplicasse di seguirlo o lasciare tutto ed essere pienamente felice.

Lui continuava a mendicare il mio amore.

Comprendevo di essere ad un crocicchio importante.

"*La legge della vita è il dono di sé*" continuavo a ripetermi.

Partecipai ad un incontro con i miei compagni di scuola, organizzato da un mio insegnante. Sentii dire: "*Se l'uomo come essere è qualcosa di più grande del mondo, lo scopo del suo agire è la sua completezza, o felicità, immediatamente però è servire il tutto di cui fa parte*". Questa certezza si stava compiendo nella mia vita. Tentavo di guardarmi nell'esperienza che vivevo senza farneticare. Contemplavo quello che avrei ritenuto, io per primo, un paradosso: quanto più si ama tanto più si è se stessi; la vita è dono di sé e in questo darsi non si perde ma si guadagna, innanzitutto se stessi e poi il mondo intero.

Ero felice di scrutare come la mia vera natura consistesse nel prendere sul serio l'esigenza di interessarmi agli altri. Il risultato di questo gesto di apertura alla realtà e agli altri favoriva l'acquisizione di quel "*centuplo*" promesso da Gesù.

Dopotutto era la realizzazione della mia provocazione a Dio. Mentre iniziava a manifestarsi nella mia vita, io di continuo chiedevo il Paradiso qui e ora, subito. Non dopo la morte. Avevo iniziato a convincermi che la proposta di Gesù consisteva nel partecipare qui, ora, la pienezza definitiva della sua promessa di Eternità.

Lui apriva la mia ragione, la spalancava alla realtà intera, divenendo sempre più il substrato fondante di tutta la mia esistenza. Mentre studiavo, lavoravo, riflettevo, soffrivo... continuavo a ripetere che esclusivamente a lui offrivo il disagio, l'incertezza, la fatica del momento. Mi accorgevo così che tutto ciò che vivevo, si rivestiva di lui, della sua sostanza, della sua vitalità, della sua familiarità.

Tutto svelava chi fosse lui per me.

Questo era il cuore della mia conversione: comprendere che valore avessero le circostanze che vivevo e orientarle verso la sua figura.

Le mie esperienze non erano le circostanze che vivevo, ma il passaggio di lui che intravedevo in esse.

Aderire sempre di più, lasciando che il suo bacio di fuoco si imprimesse nella mia vita e mi guidasse.

Quante cose erano cambiate, quante ne avrebbe ancora cambiate. La mia vita sembrava, ora, reggere su tre nuovi verbi che erano come venuti fuori dalle fenditure delle mie ossa... C*elebrare,* R*icordare e* R*ingraziare.*

Mi riempivano la vita di gioia. Rinnovavano di continuo la mia appartenenza a lui. Mi aiutavano a non censurare nulla della mia umanità ferita e ricostruita.

Il fascino della bellezza di Gesù si era impresso nella mia anima. Mi attirava alla contemplazione. Era lì *dentro* che imparavo a conoscermi nuovamente, a ricostruire la mia identità sessuale, restituendo *Me* a me stesso, secondo l'ordine naturale della creazione che avrei dovuto avere.

Anche i miei sensi venivano restituiti alla loro bellezza originaria. Cominciavo a sperimentarli come messi a mia disposizione, e con essi avrei potuto conoscere il mondo, fino a quando non mi avrebbero condotto a Dio.

Quello che cercavo, nel piacere e nella vita dissoluta che conducevo, era Infinito; grazie al cielo non ho mai desistito dal desiderio di raggiungerlo.

Scoprivo, nella mia carne e nelle varie vicende del passato, la verità di Dio e di come questa andasse a spiegare tutto ciò che vivevo. Ho riacquistato così una verginità del cuore. Questo mi ha permesso di dare forma al desiderio che mi accompagnava da mesi, incontrare l'uomo che aveva dato inizio a quanto vivevo ora: il Paradiso, goduto con coscienza e stupore.

Lo avrei urlato al mondo intero.

E quel gemito straziante aveva, adesso, un volto preciso, un indirizzo chiaro e un numero di telefono scritto con caratteri indelebili nella mia memoria.

Presi il cellulare e composi il numero, velocemente. Prima che un qualsivoglia pensiero potesse prendere una forma diversa da quella che avevo deciso da mesi, lo chiamai e lui mi rispose immediatamente.

La sua voce consegnò alla mia memoria il suo volto, rendendomelo nuovamente contemporaneo.

Avvertivo una strana sensazione: lo sentivo quasi accanto a me. Mi girai su me stesso, diverse volte, fino a rendermi conto che non poteva essere con me in quel momento, almeno in carne ed ossa. Ci volle poco per incoraggiarlo a fissarmi un appuntamento.

Decidemmo il luogo più indicato per rivederci: un bar nel centro della città.

Tra poche ore lo avrei rivisto. Non pensavo a cosa dirgli perché ritenevo di essermi adeguatamente preparato.

Mi diressi verso il luogo concordato con almeno tre ore di anticipo. Lo riconobbi subito. Lo avrei riconosciuto tra mille altri uomini. La sua robustezza, il suo passo deciso lo condussero in pochi minuti verso il tavolo dove ero seduto.

Anche lui mi riconobbe. Lessi sul suo viso contratto un velo di tristezza, la stessa che aveva abitato il mio volto per anni. Oggi, a distanza di tempo, ricordo addirittura come ero vestito io e come lo era lui, i forti odori, il sudore.

Mi tremava il cuore, e la voce.

Le mani sudavano, e le gambe non mi reggevano.

Mi guardavo attorno nella speranza di ricevere qualche conferma sul progetto che stavo realizzando.

Lui distese la mano verso la mia, mi strinse forte cercando di attirarmi al suo petto. Sentivo il suo profumo e quasi mi inebriava. Lo guardai e abbassai immediatamente gli occhi.

Dov'era Dio in quel momento?

Perché non mi sentivo forte e determinato?

Perché il sole che avevo visto quando ero uscito di casa ora sembrava essersi eclissato?... Non mi ritrovavo più!

Dove erano i miei discorsi persuasivi?

Dove era la certezza che mi abitava da anni, ormai?

Mi fermai un attimo e quell'attimo era come se si fosse trasformato in una vita intera. Negli occhi neri e profondi di quell'uomo rileggevo l'amara verità che mi aveva abitato.

Iniziai a tremare, la paura si era impossessata di me.

I miei sensi erano colmi degli odori che mi procuravano quegli incontri; fui come rapito per qualche minuto. Fu la sua stessa voce a riportarmi alla realtà.

Ho seguito la tua vita a distanza. So chi sei e cosa hai fatto nel frattempo. La tua vita odora di nuovo. Non immaginavo che nella vita si potesse cambiare. Tu sei cambiato e lo sono anche io.

Quell'uomo, un tempo forte come una roccia e deciso come l'onda del mare, ora sembrava essere divenuto un fringuello indifeso. Nella sua poderose mani raccoglieva lacrime amare.

Non riuscii a proferire parola alcuna.

Ero come paralizzato, la mia bocca cucita.

Lui affrontò il discorso ripercorrendo parte di quel vissuto, e si diceva dispiaciuto. Aveva iniziato un percorso clinico di riabilitazione, si era riconciliato con la moglie.

Non era più attratto dal suo piacere. Si era faticosamente riconciliato con la vita. Non era ancora del tutto sereno ma stavo cambiando. Mi disse... *La vita è un camminare senza sosta, una ricerca della propria completezza. Ora ho scoperto il cammino ma non ancora la mia completezza.*

Avevo compreso che si riferiva a Cristo. Perché è solo nell'incontro con il Risorto che nasce un cuore nuovo e una affezione rinnovata a tutto il mondo.

Ordinammo un caffè.

Mentre lo sorseggiavo, compresi che il Signore non era affatto lontano da me. Mi aveva preceduto, affiancato e superato nelle attese. Avevo solo la necessità di considerare che la mia reazione sarebbe stata quanto mai normale.

Un forte senso di Pace albergava nel mio cuore.

Appuravo come il successo di quell'incontro, consisteva nel fatto che mi stavo lasciando trascinare da Gesù e dal suo volere, lui mi donava la forza necessaria per accettare ciò che si stava compiendo.

Lui era davvero lì, seduto al mio fianco.

In questo trovavo la ragione della sua incarnazione. Lui aveva preso *carne* e un volto, per farsi mio contemporaneo, affinché io potessi reggere meglio i colpi della vita.

E' stato necessario che lui patisse la morte perché nella sua Passione, sono rinato io. Lui ha vinto le mie paure e le mie tristezze. E' entrato come unguento sulle mie ferite restituendomi una vita decisamente migliore.

Anche la tribolazione è necessaria affinché si possa vivere l'esperienza della Risurrezione. La vittoria di Cristo è la mia vita rinnovata nel suo amore. Questo è il segno che rimane impresso nell'esistenza che passa. La sua presenza stabile nelle mie carni fragili.

Incontrare Gesù è stato non soltanto Rinascere a vita nuova, ma subire, amorevolmente, una nuova Educazione.

Ho compreso che non si tratta di un dato scontato.

Da solo, l'uomo non impara a divenire responsabile di sé: occorre l'aiuto di educatori che insegnino la forza della Bellezza. Mi è stato inculcato il dovere di rapportarmi con la realtà, non priva di fatica e di ostacoli.

Ho iniziato ad assecondare il desiderio di Dio. Lui deve prendersi cura del mio cuore e della mia vita. Questo è il fondamento e l'esito della costruzione dell'uomo spirituale chiamato a camminare sulle strade del mondo.

Sono felice, oggi, della mia vita, anche se non so quanto mi sia rimasto da vivere. Mi sta consumando una malattia contratta nel passato. Nutro verso la mia infermità, la stessa compassione che ho alimentato verso chi mi ha permesso di incontrare Dio. Sono felice di come ho vissuto e di come si stanno spiegando i miei giorni. So che non vado incontro all'ignoto.

Mi aspettano possenti braccia spalancate che attendono la mia storia, per certi versi faticosa, per il resto affascinante e decisamente piena di verità e di amore.

Non tarderà nel venirmi a chiamare ancora per nome l'amore a cui ho dato il resto dei miei anni e della mia vita.

Ho smesso di giocare con me stesso.

Lui mi ha reso uditore della sua parola e non si stanca di rendermi complice di una straordinaria storia, dove la mia ferita ha incontrato il suo unguento e il vento dell'amore asciugato la vita, fino a perdersi in essa.

Ed è felicità piena, perché è gioia senza fine.

Non muoio. Entro nella vita per sempre.

Quella vita a cui tardi forse ho detto di SI: ma si sa, la vita è un cammino fatto di verifiche, di slanci, di visioni e di conversioni.

Io ho cercato ed ho trovato.

Ho bussato e mi è stato aperto.

Ho ottenuto perché sono stato oggetto di un amore grande e capace di restituirmi a me stesso!

Ho perdonato tutto e tutti. Sono stato accolto perché ho accolto. Amato perché ho molto amato.

Ed ora, mentre leggi, sicuramente sto vivendo fra le braccia dell'amore vero, quello per il quale ho consumato troppo poco tempo. E avrò l'eternità per amare come lui veramente merita di essere amato.

Due anni fa

Questo testo è stato pensato, misurato e ragionato per molto tempo e grazie al sostegno di alcuni amici. Vorrei ringraziare ciascuno di loro, che, dopo aver condiviso con me questa testimonianza, mi hanno incoraggiata a mettere per iscritto le pagine che avete appena letto. Primo tra questi, il giovanotto del quale provo a narrare i fatti. Infatti, questo breve manoscritto è il frutto di una lunga ed intensa amicizia che ho intessuto con il protagonista.

Non lo conoscevo prima dell'esperienza che racconto e che riporto con fedeltà di dettagli.

Un giorno ricevo una telefonata per un invito a cena. Si trattava di una rimpatriata tra vecchi e cari amici.

Mi preparai, e portai un dolce. Non avrei assolutamente immaginato che quella sera, quella cena avrebbe avuto un ruolo di cambiamento, per alcuni versi, di tutta la mia vita.

Per tutta la serata, notai il padrone di casa un po' inquieto. Fino a quando, prese quel pizzico di coraggio che gli mancava, e mi invitò a seguirlo nel suo studio.

Mi raccontò che stava per venire alla luce una triste vicenda di pedofilia che avrebbe visto coinvolte alcune persone, tra queste un ragazzino e alcuni nomi a noi noti.

Tra lo sbigottimento e un profondo dolore al cuore, mi resi subito disponibile qualora qualcuno avesse necessitato del mio aiuto. Senza alcun panegirico, mi venne chiesto di incontrare il ragazzino e di cercare di intessere un rapporto di fiducia e di amicizia.

Onestamente, feci fatica ad immaginarmi immersa in quella nuova situazione. Provai a dissuadere il padrone di casa dall'idea assolutamente fuori dalla mia portata. Venni incoraggiata ed orientata ad accogliere questa impresa, come una sfida educativa che avrebbe giovato anche me stessa. Avvertivo un evidente disagio.

Non capivo perché avrei dovuto accogliere ed ingaggiare quella *battaglia.* '

"Non conosco il ragazzo" cercavo di svincolarmi "e non ho alcuna conoscenza del fenomeno della pedofilia".

La ragione che mi tratteneva ancora lì era la grande stima e il rispetto di cui godevo dal mio amico, anche se dentro di me pensavo fosse del tutto immeritata. Mi strinsi tra le spalle e chiesi qualche giorno per rifletterci su. Cercai di indirizzare il caso ad alcune figure professionali di mia conoscenza che godevano della mia amicizia e alle quali io stessa ero ricorsa per il mio lavoro con diversi miei studenti.

Evidentemente *per uno scherzo della vita*, e di Dio stesso, ero stata scelta io ad incontrare questo fenomeno e prima ancora questo ragazzino.

La sfida, dunque, era alta. Ero profondamente inquieta.

Mi domandavo: "Come si fa ad improvvisare una relazione di amicizia?".

Non mi era mai capitato di dover creare un rapporto di fiducia artificiale; solitamente, la fiducia nasce da un incontro spontaneo e desiderato, di sicuro non voluto ad ogni costo. Comunque, dopo aver a lungo riflettuto, decisi di accogliere l'invito.

Non mi abbandonava una domanda: "Chi sono io per una cosa così grande? Non ho gli strumenti culturali e scientifici necessari. Non ho un linguaggio adeguato al fenomeno. Non ho esperienze di questo genere"'.

Ma quel giorno arrivò. L'incontro fu creato. Una rete di rapporti fu intessuta per questa impresa.

Non ero sola.

Mi venne chiesto di incontrare un gruppo di adolescenti, e tra questi era possibile che ci fosse anche lui. Non dimenticherò facilmente i *sentimenti* che mi abitavano le ore precedenti all'incontro. Sono certa che Dio non avrà mai più fatto tanta fatica con me come in quella occasione.

Conosco bene la *materia giovani*. Vivo con loro da 18 anni. Il mio lavoro mi permette di osservarli da un punto di osservazione particolare. Non ho mai vissuto particolari fatiche nel guadagnarmi la loro fiducia. Questa volta però, si trattava di un caso particolare.

"Conosco la vicenda ma devo fingere di non sapere"' continuavo a ripetermi a voce alta.

Questa richiesta stava comunque offrendomi una bella esperienza spirituale. Mi era concesso di nuovo di tornare a dipendere da Dio.

"*Qui, in questo caso non servono le conoscenze di filosofia e di teologia. Qui serve una buona sottomissione allo Spirito Santo, che mentre si rivela, rivela il vero volto umano e la misura alta che abita il cuore dell'uomo*"

Mi preparai sotto due aspetti.

Il contenuto dell'annuncio cherigmatico che avrei dovuto condividere con il gruppo dei ragazzi e preparavo il mio cuore a questo inedito incontro *al buio.*

Arrivai puntuale. Fui accolta con canti gioiosi.

Iniziammo l'incontro. Avvertivo un senso di sgomento, paura, tensione: "Come avrei potuto attirare l'attenzione di quel giovane?".

Per arrivare a lui, mi presentarono tutto il gruppetto. Uno per uno. Furono chiamati per nome. E presentandosi avrebbero potuto dire qualcosa di loro.

Anche lui era li. Felpa grigia, probabilmente come grigio era il colore del futuro che aveva dinanzi a sè. Due occhi grandi azzurri come il cielo. E tanti riccioli.

"*Bello il casco che hai in testa e che probabilmente hai dimenticato di lasciare quando sei entrato qui*" gli dissi, con semplicità e simpatia. Lui alzò il capo e mi regalò un timido sorriso.

Era un bel ragazzino, ma lui non lo sapeva.

"*Bene*" pensai, "*il più e' fatto!*"

Mi incoraggiai da sola. Mi diressi, con il materiale che avevo preparato la sera prima, verso la postazione da dove avrei dovuto iniziare a condividere il tema della riflessione.

Iniziai, senza induzioni a trattare della vita spirituale dei giovani in un mondo che cambia.

Ero più serena, visto che avevo individuato e superato la prima prova. Ho utilizzato, per il mio intervento, tutto il tempo che avevo a disposizione.

Rivolgevo a lui il mio sguardo, cercando conforto nell'impressione che quanto dicessi potesse in qualche modo arrivargli. Per tutta risposta, lui sembrava per niente interessato o incuriosito dalle mie parole. Durante una dinamica, domando a tutti di scrivere il sogno della loro vita. Anche lui partecipa. Seguo, con lo sguardo, il destino del suo foglietto. Lo metto da parte. Lo leggo e trovo scritto: "Desidero essere ciò che voglio essere"

Dopo la pausa, nei commenti sui loro sogni e desideri, proposi di leggerli ad alta voce. Mi avvicinai e così, piano, entrai in relazione con lui.

La fatica non e' stata poca. Era evidente che gli adulti lo avevano ridotto a poco più di un cencio. Ed ora, non era per niente semplice che lui potesse riacquistare fiducia.

Però questo accadde, per grazia di Dio.

Da lì a poco gli regalai un libro. E sul contenuto di quel testo continuavamo a confrontarci.

Si comprendeva bene quel che pensava di sé stesso. Si percepiva brutto, indegno e disprezzato. Era questa la vera trappola da cui doveva uscire. Varcata la soglia di questo tunnel, avrebbe cominciato ad affrontare con maggiore serenità la ferita mortale ricevuta.

Paradossalmente, la vera trappola che attanaglia migliaia di persone non è la brama del successo, del lavoro o dei soldi. Si diventa fragili e prede del Male quando viene meno la fiducia e la stima verso se stessi.

Infatti, il primo ed unico percorso, trasformatosi in un lungo *lavoro* è stato proprio quello di riaffermare la grandezza della dignità della sua persona, in quanto Essere Unico ed Irripetibile.

Intanto, ciò che continuava ad interpellarmi era la mia fede. Il mio lavoro da insegnante ed educatrice mi chiedeva di assumere il destino di quel giovane, proprio come era accaduto per tanti altri incontrati negli anni e nelle circostanze più diverse; dopotutto, l'amicizia non e' donarsi, senza condizionamenti e senza logiche umane?

E se questo è vero per l'amicizia quanto più lo è per quanti vivono una fede che illumina e orienta tutta la vita.

Decisi di accettare. Sapevo, e speravo, che Dio ci sarebbe stato, e c'era. E così accadde.

Incontrai il ragazzino, accartocciato e ripiegato su sé stesso. Aleggiava su di lui l'ombra dell'intera violenza subita, con tutti gli odori che il peccato porta con sé, incluso quella della morte.

Ho iniziato a percepirlo come un amico da *amare*, un figlio da restituire alla vita e da introdurre nella realtà. Non era difficile amarlo ed ascoltare il suo cuore. Non mi sono mai sostituita alle figure che lo hanno generato, e non ho neppure studiato psicologia o psicanalisi.

Ciò che ho tentato di fare è stato di offrirgli ciò che ho ricevuto io nella mia vita. Un incontro capace di ridire e rifare il tessuto umano, di ricostruire le cellule del proprio corpo, come le arterie. Ho permesso a Dio di restituire alla coscienza informazioni capaci di dare una forma precisa ad un corpo vissuto solo come carcassa da portare avanti e da trattare come macchina per far soldi.

Spero che attraverso questo lavoro, così personale e forse troppo diretto, molti possano desiderare di guardare la realtà, accoglierla e *giudicarla* secondo lo sguardo di Dio, per poi contribuire ad *accogliere, benedire, offrirsi, e ridare VITA.* Ciò che ho fatto è stato collaborare con LUI a riconoscere gli *strumenti* esistenziali utili a scavare nel terreno della vita, perché venisse fuori quel ruscello nascosto dalla sabbia, capace di dissetare la propria e l'altrui vita.

yes
I want morebooks!

Compra i tuoi libri rapidamente e direttamente da internet, in una delle librerie on-line cresciuta più velocemente nel mondo! Produzione che garantisce la tutela dell'ambiente grazie all'uso della tecnologia di "stampa a domanda".

Compra i tuoi libri on-line su

www.get-morebooks.com

Buy your books fast and straightforward online - at one of the world's fastest growing online book stores! Environmentally sound due to Print-on-Demand technologies.

Buy your books online at

www.get-morebooks.com

SIA OmniScriptum Publishing
Brivibas gatve 1 97
LV-103 9 Riga, Latvia
Telefax: +371 68620455

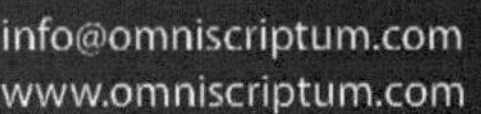

Printed by Books on Demand GmbH, Norderstedt / Germany